MOYENS

D'ACQUITTER INTEGRALEMENT
LE MILLIARD DES INDEMNITES,

ET

D'ATTEINDRE LE BUT POLITIQUE
AU QUEL ELLES SE RATTACHENT ;

EN PARANT AUX PRINCIPAUX INCONVENIENS

DES PROJETS MINISTÈRIELS

SUR L'INDEMNITÉ

ET

SUR LA DETTE PUBLIQUE.

MOYENS

D'ACQUITTER INTÉGRALEMENT

LE MILLIARD DES INDEMNITÉS,

ET

D'ATTEINDRE LE BUT POLITIQUE

AU QUEL ELLES SE RATTACHENT;

EN PARANT AUX PRINCIPAUX INCONVÉNIENS

DES PROJETS MINISTÉRIELS

SUR L'INDEMNITÉ

ET

SUR LA DETTE PUBLIQUE.

Par Armand Séguin.

PARIS,

DE L'IMPRIMERIE DE CHAIGNIEAU JEUNE,

RUE SAINT-ANDRÉ-DES-ARTS, N° 42.

AVRIL 1825.

MOYENS

*d'acquitter intégralement le milliard des indemnités,
et d'atteindre le but politique au quel elles se
rattachent ; en parant aux principaux incon-
véniens des projets ministériels sur l'indemnité
et sur la dette publique.*

But de l'écrit.

Les résultats des dispositions financières d'un
gouvernement doivent toujours concorder avec
le but qu'il s'est proposé d'atteindre.

Recherchons donc ,

1°. Si, dans ses projets, le ministère a main-
tenu la concordance indispensable entre les mobiles et les résultats de sa direction.

2°. Si les résultats de chacun de ses deux
projets, comparés entre eux, ne doivent pas se
heurter et se détruire respectivement.

Quel a été l'un des principaux mobiles de la

direction du premier projet ministériel , relativement « *au grand acte de justice et de sagesse*
« *des indemnités ?* « On le trouve exprimé dans
le discours de présentation , prononcé par M. le
Président du Conseil des Ministres.

« Malgré la sécurité profonde où sont , où
« doivent être les nouveaux propriétaires ; mal-
« gré l'irrévocable sanction accordée à leurs
« titres , l'opinion publique , il faut bien le dire ,
« persiste à reconnaître encore la ligne que la
« loi a effacée.

« Les biens confisqués sur les émigrés trou-
« vent difficilement des acquéreurs , et leur
« valeur dans le commerce n'est point en pro-
« portion avec leur valeur matérielle.

« L'indemnité allouée aux anciens possesseurs
« peut seule rendre commun à l'opinion le lan-
« gage de la chartre , et ce n'est que par elle
« que peut disparaître la différence qui existe
« encore entre les propriétés du même sol.

« La confiscation immobilière n'est pas une
« de ces calamités dont la trace soit fugitive ;
« elle produit un souvenir vif et profond , sans

« cesse présent , sans cesse renouvelé , qui
« s'identifie avec le sol , qui se perpétue avec
« lui , et qui , pour avoir sommeillé quelque
« temps , n'en est pas moins toujours prêt à se
« ranimer.

« D'autres terres sont encore, après des siècles,
« sillonnées par un volcan.

« Une indemnité doit être allouée aux familles
« françaises, au préjudice des qu'elles les biens
« fonds , situés en France , ont été confisqués
« et vendus en vertu des lois sur les émigrés.

« Le capital de cette indemnité doit repré-
« senter une valeur à-peu-près égale à celle
« qu'elle est destinée à remplacer.

« Une indemnité fractionnelle , un simple
« secours accordé au malheur n'atteindrait pas
« le but que le Roi se propose, et vers lequel
« doivent tendre vos efforts ; l'empreinte de la
« confiscation resterait toujours sur les biens
« vendus ; les anciens propriétaires seraient
« encore dépouillés, et les deux classes de pro-
« priétés ne verraient pas s'opérer la fusion con-
« ciliatrice.

« Il faut donc que le capital de l'indemnité

« représente approximativement le capital de la
« valeur perdue. »

La réalisation de cette dernière condition
dépend uniquement , dans les projets , de cet
ordre d'éventualité , que les 3 pour cent, dont la
valeur réelle relativement au pair des 5 pour
cent est de 60 francs , s'éleveraient , *approximativement* , à leur pair de 100 francs pour 3 francs.

Si le second projet n'était pas modifié , tous
les ordres de probabilités repousseraient l'accomplissement de cette condition absolue.

Les obstacles à cette amélioration provien-
draient nécessairement d'une adoption pure et
simple de ce second projet.

Rechérchons donc, parmi les vices qu'il ren-
ferme , celui qui doit altérer l'essence du premier projet.

Ce vice se manifeste dans cette disposition du
projet qui donnerait , à tous porteurs de rentes
5 pour cent , la faculté de convertir leurs inscriptions , en rentes 3 pour cent à 75 francs.

On doit, pour apprécier cette *concession* dans son principe et ses effets, d'abord ne pas perdre de vue que les porteurs de rentes 5 pour cent forment deux classes, différentes et bien distinctes, qu'on ne saurait confondre sans injustice; celle des *rentiers*, et celle des *spéculateurs*. Les intérêts de ces deux classes sont *diamétralement* opposés. Les premiers portent toute leur sollicitude à la conservation de leur rente ou revenu, pour alimenter les besoins de leur existence : les autres, qui ne connaissent point ces besoins, portent toute leur industrie à sacrifier une partie du revenu dans la vue d'obtenir une augmentation de capitaux, et de sortir promptement de la rente avec de gros bénéfices.

Aux uns et aux autres, la conversion facultative est également offerte ; mais pour s'y précipiter, leur intérêt n'est pas le même. Les spéculateurs y trouveraient l'avantage qu'ils recherchent ; le rentier n'y verrait que *ruine* et *misère*. Il serait sacrifié par cette mesure à la cupidité des premiers.

La loi consacrerait-elle une *immoralité* aussi *monstrueuse* !

Pour pallier *l'iniquité*, dirait-on que la plainte

du rentier serait déplacée, puisque la loi de la conversion serait *toute facultative* ?

Ce serait ajouter *l'ironie* à la *cruauté* : car la loi menace le rentier *qui ne se convertira pas* d'un remboursement prochain. Cette *menace* est implicite dans la loi ; mais n'a-t-elle pas été exprimée très explicitement par M. le Président du Conseil des Ministres en dévoilant, en présence des Chambres, le tableau des emprunts que nous serions dans la nécessité de faire sur des émissions de nouvelles rentes, de mois en mois, de 6,500,000 fr. par mois, et pendant long-temps ? On n'est donc point *injuste* en accusant le projet ministériel de *l'immoralité* et de *l'iniquité* qu'on vient de signaler.

Dirait-on en outre que le rentier, dans le projet, trouve sa part toute faite, *dans la conversion de son revenu de 5 fr. en 4 1/2 pour cent au pair ?*

Mais ce serait toujours une réduction de sa rente ; ce serait une perte absolue pour lui, *qui lui serait imposée par la ruse et par la peur* : ce serait une *réelle spoliation.*

Il est de malheureux exemples de débiteurs

deloyaux, rusés et de mauvaise foi, dont l'art
est de semer d'abord l'inquiétude parmi leurs
créanciers, de les menacer de pertes et de
ruines, de leur proposer alors une réduction
de leurs créances : la ruse et la peur, plus im-
périeuses que le mal même, leur en font la
loi : ils consentent à une réduction facultative.

On appelle ces sortes d'arrangemens, concor-
dats entre des créanciers et des débiteurs faillis.

Le projet ministériel ne pourrait-il pas présenter, pour l'accomplissement de la réduction qu'il ambitionne, les mêmes élémens de
succès ? Il tendrait à faire, de ces spéculations
occultes, honteuses et réprouvées, et toujours
odieuses, une loi de l'Etat ! Un tel projet doit
soulever contre lui, dans toutes les âmes pures
et honnêtes, un sentiment profond d'indigna-
tion.

Oui : la conversion en 4 et demi au pair est
la part faite au rentier ; et l'on vient de voir
comme elle est belle, comme elle est juste,
comme elle est nécessaire. Il y viendra s'y
prendre et s'y perdre. Voilà son seul et unique
partage. Car, pour les 3 pour cent à 75 francs,
ils n'ont pas été imaginés pour lui : il ne faut

pas qu'il vienne prendre part au festin des ban-
quiers et se mêler des affaires de la compagnie :
il fera bien de s'en écarter pour éviter un plus
grand malheur. Sagement , il s'alimentera des
4 et demi ; il s'éloignera de la table des 3 , qui
n'est servie que pour les spéculateurs que j'ap-
pellerai toujours , à bon droit , *les inévitables
du jour.*

Il est donc dans l'ordre des probabilités , car
on ne peut ranger les rentiers à placement dans
la catégorie de ceux sur lesquels la raison n'aurait aucun empire , il est , dis-je , dans l'ordre
des probabilités que peu de rentiers à placement consentiront à réduction volontaire et ré-
clameront la conversion de leurs rentes 5 pour
cent en 3 pour cent à 75 francs.

Mais si les rentiers à placement n'ont aucun
intérêt à opérer volontairement la conversion ,
et ont même un intérêt direct à s'y refuser ,
il n'en est pas de même des *inévitables* , et des
joueurs sur les capitaux des rentes.

Cette catégorie de spéculateurs se soumettra ,
avec resignation , à la conversion ; leur position
et leur intérêt l'exigent. Les *inévitables* n'ont
que ce moyen pour écouler les 5 pour cent ,

dont , *quoiqu'on en dise* , ils sont encombrés. Par toute autre voie , ils n'en sortiraient qu'après un long laps de temps , et avec une diminution du bénéfice sur lequel ils comptent d'autant plus qu'ils le considèrent comme *acquis*, et ne devant jamais leur échapper.

Des délais et des pertes! de tels résultats ne leur conviennent nullement. Il n'y sont pas encore habitués ; toute-fois , ils seraient bien forcés d'en faire *apprentissage* , si tous les 5 pour cent étaient, par réduction, convertis en 3 pour cent.

La conversion convient aux *inévitables* , mais cependant ne leur convient qu'autant qu'elle sera exclusive. Quant à la concurrence des 5 pour cent des indemnités , ils en redoutent d'autant moins le poids qu'ils trouveront toujours bien moyen de s'en débarrasser. Quand apparaîtront ces 3 pour cent ? Dieu seul le sait ! Peut-être aussi quelque peu le ministère ! Quoiqu'il en puisse être, la confiance et la sécurité des *inévitables* paraissent maintenant si bien *affermis* qu'ils semblent ajouter pleinement *foi* à leur espoir que les 3 pour cent des indemnités ne verront le jour qu'à l'époque où ceux des *inévitables* seront en grande partie écoulés , où leurs chances de risques seront à couvert , et où la réalisation de leurs bénéfices sera bien garantie.

La conversion des 5 pour cent en 3 pour cent à 75 francs ne convient pas à l'intérêt des indemnisés. D'abord ils n'auraient que fort tard leurs 3 pour cent au pair ; ils arriveraient trop tard pour prendre part au banquet des *inévitables* qui, les voyant venir, sauraient les éviter, et ne leur rien laisser que des os à ronger et quelques miettes que, dans leur insatiable avidité, en se retirant, ils leur disputeraient encore.

Mais, en arrivant tard, ils n'auraient pas même à se féliciter de se trouver seuls, et entre eux, sans concurrens étrangers. Les *inévitables* auraient des successeurs qui, avec les mêmes droits, réclameraient et prendraient place, envelopperaient de leur masse les indemnisés et les entraineraient dans leurs *aventureuses spéculations.*

Il est donc évident que dans le juste intérêt des indemnités, il serait indispensable de modifier le second projet, en le purgeant de cette disposition qui permettrait une conversion des 5 pour cent en 3 pour cent à 75 fr.

Mais il ne suffirait pas que cette amélioration

fut avantageuse aux indemnisés ; si là se bor-
naient ses résultats, les nobles âmes des indemnisés la repousseraient : il faut encore qu'elle
soit dictée par la justice, et par l'intérêt de
l'état. C'est donc sous ces deux aspects qu'il
convient maintenant de considérer le mérite
de la modification.

L'intérêt de la justice , l'intérêt de l'Etat commandent
d'interdire la conversion des rentes 5 pour cent , en
3 pour 100 à 75 francs.

Il est des vérités qui portent avec elles un
tel dégré d'évidence qu'il suffit de les énoncer
pour en faire sentir l'autorité. Telle doit paraître
la force et la puissance de la proposition que je
viens de présenter : peu d'explications suffiront
donc pour sa démonstration.

La justice ordonne que ce qui est promis soit
tenu : elle maudit et condamne toute combinaison
machiavélique qui soustrait le *lendemain* ce qu'on
a cru trouver juste d'accorder la *veille*. Elle
repousse donc et proscrit *comme indigne* le
second projet ministériel, principalement en ce

qu'il permettrait une conversion des rentes 5 pour cent en rentes 3 pour cent donnés à 75 fr.

C'est en effet retirer ou ruiner, par cette combinaison du lendemain, la juste indemnité que le malheur et l'infortune auraient obtenu la veille.

Il doit être évident pour tous les esprits que créer et donner, pour s'acquitter d'une dette *sacrée*, des valeurs nouvelles, spéciales, des rentes de 3 fr. pour cent francs, sous la promesse que le *cours vénal atteindra le pair approximativement*, puis, l'instant d'après, multiplier, émettre une masse quatre fois plus forte de ces mêmes valeurs, sans nécessité, sans intérêts, sans profits, *pour ne s'acquitter de rien, quand on ne doit rien, et-pour augmenter d'un milliard une dette ancienne, satisfaite et ne réclamant certainement pas tant de faveurs*; n'est-il pas évident, dis-je, que c'est promettre et ne pas tenir, et que c'est réellement reprendre d'une main ce qui avait été donné de l'autre comme une juste, mais bien faible indemnité des plus *révoltantes spoliations?*

L'intérêt de la justice condamne donc cette *inique conversion facultative des 5 pour cent en*

3 pour cent , présentée encore , *pour ne pas
manquer le but* , sous l'aspect d'un bénéfice de
25 pour cent.

Il est également dans l'intérêt de l'Etat, dans
celui de la prospérité publique et de tous les
contribuables , que cette conversion facultative
soit à jamais réprouvée et repoussée dans les
imaginations qui l'ont conçue. Pour démontrer
cet intérêt , il suffira bien de rappeler ici les
expressions *solennelles* du Ministère lui-même ;
et ce sera combattre et détruire , par sa seule et
propre autorité , *l'inconcevable conception finan-
cière.*

Le Ministère , en présentant le projet d'indemnités , en a appuyé la proposition sur ces
motifs d'un intérêt général.

1°. Faire naître une sécurité profonde dans
l'âme des nouveaux propriétaires qui , malgré
l'irrévocable sanction accordée à leurs titres ,
trouvent encore dans l'opinion publique une es-
pèce de défaveur capable d'éterniser les haines.

2°. Opérer une fusion conciliatrice en fai-
sant disparaître la différence qui existe encore
entre des propriétés du même sol.

2

Pour obtenir ce double bienfait , germe de prospérité publique, le Ministère a déclaré qu'il était indispensable d'allouer aux anciens propriétaires une indemnité d'une valeur à-peu-près égale à celle qu'elle serait destinée à remplacer.

« Une indemnité fractionnelle n'atteindrait pas « le but. Il faut que le capital de l'indemnité « représente approximativement le capital de la « valeur perdue », *ou le milliard.*

Mais si la faculté est donnée à tous porteurs de rentes 5 pour cent de convertir leurs inscriptions en 3 pour cent , avec un bénéfice de 25 pour cent, aucun de ces avantages généraux ne se réalisera jamais.

Donc l'intérêt de la justice et l'intérêt de l'État se réunissent pour faire rejeter cette *conversion facultative.*

CONDITIONS A REMPLIR

*pour obtenir le paiement intégral du milliard des in-
demnites , sans faire perdre aux rentiers le cinquième
de leur revenu.*

La première condition à remplir, pour *atteindre le but politique* des projets, est que l'en-
caissement des indemnités soit égal au capital
qu'on reconnaît leur être dû.

La seconde est que les contribuables échappent
à toutes les éventualités de la position rentière
actuelle , et n'aient d'autres nouveaux sacrifices
à supporter que celui résultant immédiatement
des indemnités.

La troisième est que les rentiers n'éprouvent
aucune diminution ni dans leur revenu, ni dans
leur capital nominal.

La quatrième est d'anéantir presqu'en totalité
les funestes effets de l'agiotage.

Les combinaisons que je vais présenter rem-
pliraient complettement toutes ces conditions.

Je supprimerais la première partie de l'article 4 du second projet qui permet la conversion des 5 en 3 pour cent.

Je conserverais la seconde partie de cet article qui permet la conversion des 5 en 4 et demi pour cent.

Il existerait dès-lors sur la place trois natures de rentes.

Des 3 pour cent donnés aux indemnités.

Des 4 et demi pour cent , produit de la conversion.

Et des 5 pour cent , non convertis.

Je diviserais en deux parts les 77,500,000 fr., dont se compose en ce moment la puissance amortissante.

37,500,000 fr. seraient destinés à l'acquittement du milliard , capital nominal des 30 millions de rentes 3 pour cent, donnés aux indemnités.

40 millions seraient destinés à l'amortissement des 3,200,000,000 fr. , capital nominal

des 160 millions de rentes 5 pour cent non couvertis, ou 4 et demi pour cent convertis.

Pendant les cinq premières années, les rachats de chaque année seraient, ainsi que le propose le Ministère, destinés au service des arrérages des rentes des indemnités.

Pour écarter toutes les chances d'éventualité défavorable aux rentes des indemnités, je transformerais leur amortissement en remboursement effectué au taux de leur valeur nominale.

Le sort déciderait chaque année de l'application des remboursemens.

En partant de ces bases, voici la direction qui me conduirait aux buts désirés.

En 1817, la dotation annuelle de l'amortissement a été fixée à

40 millions.

, la puissance amortissante est de

77,500,000 fr.

En ce moment , la masse des rentes amortis-
tissables s'élève à

160 millions.

Y ajoutant les rentes 3 pour cent des indemnités , savoir :

30 millions.

La masse des rentes amortissables se trouve
être de

190 millions.

Représentant un capital nominal de

4,200,000,000 fr.

Avec la dotation de 77,500,000 fr. il faudrait
pour racheter , au taux de leur capital nominal ,
ces 190 millions de rentes , un laps de temps de

33 années 17 jours.

La dotation consacrée par les nouvelles dispositions à l'amortissement des 160 millions de rentes 5 pour cent, serait de

40 millions.

On trouve que pour amortir au pair 160 millions de rentes 5 pour cent, avec une dotation de 40 millions, il faut un laps de temps de

32 années, 3 mois, 8 jours.

La durée de l'amortissement des 160 millions de rentes 5 pour cent, serait donc moindre avec une dotation restreinte à 40 millions, qu'elle ne l'aurait été avec une dotation non restreinte de 77,500,000 fr., agissant sur l'ensemble des 190 millions.

On peut donc dire que, dans les nouvelles dispositions, par le fait du partage de la puissance amortissante, les rentiers seraient avantagés d'une diminution de

9 mois, 19 jours.

Pour amortir, à leur taux nominal, 30 millions de rentes 3 pour cent, avec une dotation de 37,500,000 fr. il faut, à partir du complément de leur émission, un laps de temps de

16 années, 5 mois, 16 jours.

Le mode de remboursement que je substitue, pour les indemnités, au mode d'amortissement acquitterait le milliard, capital des indemnités, dans le même laps de tems.

Les indemnisés obtiendraient donc, d'après les nouvelles dispositions, tout ce qui leur est promis, et au delà même de ce qu'ils auraient pu raisonnablement espérer.

On leur a promis un capital d'un milliard : ils le recevraient.

En se trouvant confondus, relativement à l'application de la puissance amortissante, avec des 5 pour cent, et bien plus encore avec des 3 pour cent, produit de conversion, les chances d'éventualités pécuniaires des indemnités n'auraient pu leur procurer le milliard que je leur assure, et auraient pu, au contraire, même dáns l'ordre des probabilités les plus favorables, ne leur procurer qu'un capital bien moins considérable.'

Confondues avec les 5 pour cent, relativement à l'application de la puissance amortissante, la libération complète des indemnités ne pourrait s'achever qu'au bout de

33 années, 17 jours.

Confondues, relativement à l'application de la puissance amortissante, avec des 3 pour cent, produit de la conversion, la libération complète des indemnités, ne pourrait s'achever qu'au bout de

55 années, 18 jours.

Il existerait donc, par suite des nouvelles dispositions, dans la position des indemnités, relativement à la durée de la libération complète, comparativement aux projets ministériels non modifiés, une amélioration de

38 années, 7 mois, 2 jours.

Et relativement aux mêmes projets modifiés,

non par addition de dispositions, mais seulement par la suppression de la conversion facultative en 3 pour cent à 75 fr. , une amélioration de

16 années, 7 mois, 11 jours.

Par suite des nouvelles dispositions , les funestes effets de l'agiotage seraient presque totalement anéantis.

En effet , comme les 5 ou les 4 et demi pour cent seraient au pair, ils ne présenteraient plus que des oscillations très faibles dans leurs cours, dépendantes uniquement des besoins respectifs signalés par les ventes et les achats au comptant.

Les 3 pour cent devant être remboursés à leur taux nominal , n'offriraient plus, dans leur négociation, que les chances de l'éventualité de leur époque de remboursement. Les indemnisés ne seraient plus dès-lors forcés , comme ils le seraient par les projets non modifiés , de se soumettre à un agiotage dont les résultats ne pourraient que leur être funestes.

Les rentiers ne seraient pas sacrifiés ; les engagemens contractés envers eux seraient fidèlement remplis.

Le crédit ne serait pas altéré, et acquerrait au contraire une nouvelle vitalité, fruit du respect qu'on aurait eu pour *l'inviolabilité* des contrats.

Les contribuables n'auraient pas à supporter la surcharge que leur occasionnerait la conversion des 5 en 3 pour cent à 75 fr., surcharge dont l'importance s'éleverait à

3,139,147,594 fr.

Valeur à l'époque de la complète libération.

_____

Ou de 616,500,000 fr.

Valeur de 1824.

_____

Par une conséquence nécessaire et immanquable de l'acquittement *intégral et non fractionnel* du capital des pertes éprouvées par les indemnisés,

« Les divisions et les haines s'éteindraient sans retour ;

« L'union et la paix s'affermiraient ;

« Et la fusion conciliatrice des deux genres de « propriétés se consommerait. »

C'est aussi le vœu du Ministère.

APPERÇU

des modifications désirables dans le second projet.

Voici, par suite de ces dispositions, comment je concevrais l'ensemble du second projet. Je soulignerai tout ce qui serait changement ou addition.

Article Ier. « Les rentes achetées par la caisse « d'amortissement , jusqu'au 22 juin 1825, ne « pourront être annullées ni distraites de leur « affectation au rachat de la dette publique.

Article II. « *La puissance amortissante exis-* « *tante en ce moment ne pourra être réduite avant* « *le 22 juin 1846. Sur le montant de cette puis-* « *sance amortissante, 37,500,000 francs , seront* « *annuellement consacrés à la libération des 3 pour* « *cent des indemnités ; le restant (plus de 40 mil-* « *lions) sera annuellement consacré à la libération* « *des 5 pour cent.*

« Les rachats que fera la caisse d'amortissement « n'auront lieu qu'avec concurrence et publicité. »

Article III. « A dater du 22 mai 1825, les « sommes affectées à l'amortissement ne pourront

« plus être employées au rachat des fonds publics,
« dont le cours serait supérieur au pair. »

Article IV. « *La libération des 3 pour cent*
» *des indemnités , s'effectuera au taux de leur*
* *valeur nominale , par voie de remboursement.*
« *La première année , ce remboursement sera de*
« *37,500,000 fr. La seconde année, le rembour-*
« *sement sera de pareille somme , plus les arré-*
« *rages du premier remboursement , et ainsi de*
« *suite d'année en année, chaque somme de rem-*
« *boursement se trouvant augmentée de tous les*
« *arrérages des remboursemens précédens. L'in-*
« *dication des numéros à rembourser aura lieu*
« *chaque année par tirage au sort à l'epoque du*
« *remboursement.* »

Article V. « *Les propriétaires d'inscriptions*
« *de rentes 5 pour cent sur l'État , auront, à*
« *dater du jour de la publication de la présente*
« *loi , jusqu'au 22 septembre 1825 , la faculté*
« *de requérir du Ministre des finances la conver-*
« *sion en rentes 4 et demi pour cent , au pair ,*
« *avec garantie contre le remboursement, jusqu'au*
« *22 septembre 1835.* »

« Les rentes ainsi converties continueront à
« jouir des intérêts à 5 pour cent, jusqu'au 22
« septembre 1825. »

Article VI. « Les arrérages provenant de la
« diminution des intérêts de la dette , par suite
« des conversions autorisées par l'article précé-
« dent , seront appliqués à réduire , dès l'année
« 1826 , d'un nombre de centimes additionnels
« correspondant , les contributions foncière ,
« personnelle , mobilière et des portes et fe-
« nêtres ».

RÉSUME.

Je ne crois pas me faire d'illusion , *en assu-*
rant de la manière la plus positive , parce que
j'en ai une conviction absolue', qu'en adoptant
ces dispositions on servirait complettement ,

L'intérêt des indemnisés ,

L'intérêt des rentiers ,

L'intérêt des contribuables ;

Et, surtout ,

la justice,

l'intérêt et la prospérité de l'Etat.

Nobles Pairs, *la justice, l'intérêt et la prospérité de l'Etat*, ont toujours été et seront toujours
vos seuls guides. Vous en recevrez incessament
la plus douce récompense , en entendant les
bénédictions de la France, dictées par la confiance
et la vénération que vous lui inspirez à si juste
titre.

ARMAND SÉGUIN.

www.ingramcontent.com/pod-product-compliance
Lightning Source LLC
Chambersburg PA
CBHW060508200326
41520CB00017B/4961